AF447505

Michela Serena

MAS REALMENTE EXISTE?

DEUS NO LOCKDOWN

◆

EDIZIONI WE

Título original: MA ESISTI DAVVERO? DIO IN LOCKDOWN

Tradução
Simona Adivíncula

Capa
Giuliana Geronazzo
Giacomo Filippini

Contato da autora:
autoremichelaserena@gmail.com

ISBN: 979-12-5497-026-3
©2022 Edizioni WE di Nicola Bergamaschi
Via Paulli 10/A - 26015 -Soresina (CR)
www.clickpertutti.com
www.edizioniwe.com
www.facebook.com/edizioniwe
www.instagram.com/edizioniwe
info@edizioniwe.com

PREFÁCIO
(Raffaella Vivaldini)

'Não sabemos nada da verdade,
porque a verdade está no abismo'
(Demócrito)

Na imaginação de muitos de nós, pelo menos até uma certa geração, pode haver a memória de um menino ou de uma menina, enquanto nos ensinam a oração da noite, a ser recitada antes de nos deixarmos capturar pelos braços de Morfeu. Quando criança você não sabe por que isso é feito, é dado a você como algo que deve ser feito, às vezes sem muitas explicações sobre isso, e você o faz. E quando você cresce e se torna um adulto? O contexto em que se desenrola a trama deste livro é o grande e ancestral dilema do homem: a existência de Deus; e isso é eviscerado por uma troca de ideias muito doce entre ela e Ele, dentro da casa da autora. Este diálogo com Deus penetra fundo na alma do mesmo, tocando, com respeito, delicadeza e até uma pitada de ironia, aspectos que vão da mitologia grega ao ioga, do Superego ao Cântico dos Cânticos, em uma sucessão de ida e volta entre a autora e o Pai, um Pai onipresente, que sempre esteve lá e sempre estará. E aqui surge uma primeira pergunta: o que é a verdade? A esse respeito, uma história vem à mente. Segundo uma lenda, um dia a Verdade e Mentira se encontraram. Elas caminharam juntas até que chegaram a um poço. A Mentira convenceu a Verdade a tomar banho. Então elas se despiram e mergulharam. A Mentira saiu da água pouco depois, vestiu as roupas da Verdade e fugiu. A Verdade correu por toda parte para encontrar a Mentira e pegar suas roupas de volta. Todas as pessoas, vendo a Verdade nua, desviaram os olhos para não olhar para ela. E então a Verdade se escondeu. Desde então, a Mentira tem vagado disfarçada de Verdade e as pessoas ficam satisfeitas porque não querem encontrar a Verdade nua e crua. E na realidade é assim mesmo: verdade ou mentira não importa, as pessoas querem ouvir o que mais as satisfaz e convém, seja Deus ou não, inclusive. Movendo-se geograficamente em direção ao Oriente, mantendo um fio espiritual, gostaria de citar Buda, que argumentou que as palavras têm ou poder de destruir e criar. E Deus também sabia disso. Apenas pense no Grande Livro que ele nos deixou. O poder das palavras é incrível. Uma palavra tem a capacidade de ativar e até mesmo modificar um evento, uma emoção, ou o estado de uma pessoa. Palavras podem realmente fazer mágica. As palavras "certas" podem motivar, iluminar, conduzir e ser ouvidas com seriedade. Usando palavras "erradas", você pode causar danos e até mesmo arruinar. Infelizmente, em muitas ocasiões, elas são usadas sem uma consciência real, com as consequências que se seguem.

George Lakoff, um grande professor de linguística, exorta, de fato, a realmente prestar atenção no que sai da nossa boca, porque de uma forma ou de outra se torna real, é verdade! Portanto, se você nomeia algo, sua presença é fortalecida. E então aqui está o poder das palavras de João: "No princípio era o Verbo, o Verbo estava com Deus e o Verbo era Deus ... E o Verbo se fez carne". A palavra se corporifica e se torna tangível, observável, percebida por meio de nossos sentidos. Assim como a autora nos mostra, por meio de sua história: se você menciona, ele existe, existe mesmo, está ao seu lado, sempre. Através destas páginas descobrimos também como a sexualidade é um presente de Deus e, como tudo o que Deus criou, isso também é algo bom. As leis morais bíblicas não querem privar o homem da sexualidade, mas sim fornecer diretrizes para expressá-la da melhor maneira possível, no contexto apropriado, que é o do casamento. Aqui é mostrado um lado de Deus pouco explorado por meio da descrição do desejo sexual apresentada em um trecho da Bíblia, um grande prazer na alegria da intimidade conjugal. Somos a união entre Corpo e Alma e, entre essas duas partes, existe uma relação tão forte que é praticamente impossível separá-las e, quando isso acontece, podem surgir problemas.

A Bíblia nos mostra como as relações sexuais fortalecem e completam a união de dois seres espirituais, bem como de dois corpos. A cultura grega, como o autor aponta, forneceu uma interpretação verdadeiramente explicativa do prazer: Eros, o deus do amor físico e do desejo, é o que nos faz caminhar em direção a algo, um princípio divino que empurra para a beleza. E quanto ao aparecimento de Deus? A narradora tem sua própria ideia de como gosta de pensar que ele é o Todo-Poderoso. Por que não? Esse elemento tão vital que tem a característica de tomar a forma de qualquer recipiente em que seja colocado; aquele elemento que tem memória, como demonstrado pela física quântica e pelo maravilhoso experimento de Masaru Emoto, graças ao qual podemos entender como a água pode ser condicionada, influenciada por nossos pensamentos, pelas vibrações de sons e palavras e memorizar todos eles como informação. E o que somos nós, senão feitos da esmagadora porcentagem de água? Nossas palavras, nossos pensamentos, nossas emoções são energia, e essa energia tem sua própria vibração específica que pode nos afetar de várias maneiras.

O livro, abordando temas muito específicos da relação profunda com Deus, faz-nos refletir e perguntar, no final: "Mas tu existes mesmo?".

Raffaella Vivaldini
*Naturopata, professora de Ioga, especialista em disciplinas holísticas.

MAS REALMENTE EXISTE
DEUS NO LOCKDOWN

Assim o diabo me disse uma vez:
– *Deus também tem o seu inferno:*
é o seu amor pelos homens.
Friedrich Wilhelm Nietzsche*

O QUE VOCÊ ESTÁ FAZENDO
NA MINHA CABEÇA?

1

1 borda, 1 direita, 5 inverti*, 5 direita*, 1 borda....
Bem, o resultado está começando a ser satisfatório, quase como recitar um mantra. O sofá, já bastante aconchegante, fica ainda mais confortável com a presença de uma grande almofada que costumo colocar atrás das costas.

O desejo e a possibilidade nem sempre óbvia de preparar um chá de jasmim me deixam à vontade, apesar de tudo. A parada total e forçada devido à Covid-19 começou recentemente, mas eles esperam que sua duração seja de no máximo um mês ou dois. Então a situação deve voltar, pelo menos é o que dizem. Pessoalmente, estou em um estado constante de alienação tranquilizadora.

Uma manta fria, que por algum motivo imagino ser de plástico rígido amarelado, envolve-me, interpondo-se entre mim e o mundo; dela adquiro de forma unidirecional informações sobre a morte e a dor.

Um caloroso e estridente 'Olá!' Ressoa em mim. Banlaço a cabeça como um cachorro molhado de chuva e tento recuperar a concentração.

'Agora também ouço vozes?', digo a mim mesma. 'Pareceu-me que você queria falar comigo'.

'É um padrão de oito linhas, tenho que me concentrar'.

Eu também respondo! 'Sou um adulto', penso, 'é uma alucinose',

'Estou totalmente bloqueado e não estou habituado à passividade, por isso perco a clareza, é claro!'.

'Bem-vindo de volta'.

Uma espécie de emoção aperta minha garganta e a memória

ressurge violentamente como um tapa na cara. A voz é familiar para mim, estou familiarizada com ela.

'É você ... não ouço sua voz há mais de trinta anos, é tão quente e sem inflexões'.

Parece que de repente me tornei uma criança de novo; as memórias de nossas conversas se repetem em rápida sucessão, especialmente aquelas antes de irmos dormir; Percebo que com o tempo me esqueci de nós.

'É tão estranho ouvir de você, certamente está fora do alcance de uma mente racional como a minha, a vida me mudou muito, estou diferente agora. Você sabe o que eu digo? Tento me soltar para que contemos tudo um ao outro, mas tudo o que passa pela nossa cabeça sem hesitar, sem vergonha, um pequeno 'xale' em suma. Em última análise, é apenas uma projeção da minha mente, que mal isso pode me causar em uma situação desestabilizadora como a atual?'

'Diga-me, você ainda é o chefe ou algo mudou? Você tem colocado muito à prova ultimamente!'

'Claro! Quem você acha que criou o mundo? Em comparação com o resto, lembre-se: ninguém, ao enfrentar uma prova, diz:– Eu sou testado por Deus, porque com os males Deus não pode ser testado nem testa ninguém. Eu não impeço que coisas ruins aconteçam, mas certamente não sou eu quem as causa.'

' Claro, se aquele gênio do Adam não tivesse dado ouvidos à esposa e ela não tivesse pensado em preparar Tarte Tatin como sobremesa de domingo, não estaríamos aqui falando sobre isso. Então, o mal realmente tem gosto ruim, falo com pleno conhecimento dos fatos!'

'Você concorda comigo; há muito tempo eu vi que a maldade dos homens era grande na terra e que todo projeto concebido por seus corações não era nada além do mal. Eu te criei à minha imagem e semelhança para dominar sobre os peixes do mar e as aves do céu, sobre o gado, sobre todas as feras e sobre todos os répteis que rastejam sobre a terra; você era perfeito em ser homem e mulher, e você era feliz, então você escolheu. Você se parece comigo; você pode amar porque eu amo! Quem não ama não me conhece, porque sou amor'.

'Sim, sim, teoricamente é perfeito, mas estou um pouco perplexo ... Eu te conheço há algum tempo, mas o que eu sinto não é só amor, acho que às vezes também odiei'.

'Eu odeio ... que palavra detestável. Você sentiu muito ressentimento, certamente decepção, mas nunca odiou'.

'E o que você sabe? Ah, sim, você sabe tudo sobre todos. Então você também sabe que tem mais do que um punhado de concorrentes aqui na terra. Há muitas pessoas que acreditam que são você, que podem fazer qualquer coisa, mesmo em detrimento dos outros'.

'É evidente que eles não me conhecem e, portanto, não sabem amar de verdade. Minha posição não é tão simples quanto parece. Sou onipotente, mas sofro muito quando você sofre, e gostaria que o maior número possível de pessoas me conhecesse. Muitos de vocês estão tateando na tentativa de me encontrar, procuram-me nos lugares mais díspares, acreditam que me encontraram em formas que não correspondem às minhas, um pouco como vocês nos últimos anos; mas eu sempre estive aqui'.

'Acho que muitas pessoas não se sentem próximas de você porque não o vêem. Eu mesmo falo com uma projeção, o que imagino ver é a representação de ti que a minha mente construiu nos primeiros anos de vida. Quando eu era pequeno, imaginava-te um velho de barba branca e túnica, um pouco como o padre Pancrazio, um frade muito especial que visitava o nosso colégio uma vez por semana.

Ele ensinou religião, mas eu nem me lembro de um conteúdo. Por outro lado, acho que contribuí para sua morte; o professor havia nos convidado a arrecadar mil liras cada um para comprar o MS de que ele tanto gostava; Não me lembro do aniversário, talvez ele estivesse se aposentando, supondo que os frades se aposentassem, porém alguns anos depois ele morreu de câncer de pulmão. Enfim, ainda o imagino assim, como o padre Pancrazio. É incrível como certas coisas se enraízam em nossas cabeças de maneira tão significativa até que tenhamos uma prova em contrário.'

'Eu sempre existi e existirei para sempre, então suponho que seja permitido que você me imagine como um homem velho'.

Ele sorri.

'Quanto ao resto, você acha que me conhece bem?'.

'Não sei, durante anos questionei sua existência e, certamente, sua presença conosco como pai. Não é que eu necessariamente queira encontrar um álibi, mas você sabe como me sinto em relação a essa figura. Num dia ele te chama de 'querida', 'amor', e no dia seguinte ele foge com uma amante e ninguém o vê mais. O amor é feito de ações concretas, acredito.

'Você tem algo tangível, eu enviei para você através de Nonai há vários anos, lembra?'

Uma lágrima cai rapidamente e sem avisar na minha bochecha, sinto meu coração apertar e me lembro da dedicação de minha avó na página de respeito, aquela toda branca que separa a folha de rosto do próprio início do livro. No primeiro dos quatro volumes, a gênese, uma fotografia dela sentada no vaso de granito feito com cinzel e suor por meu avô, seu marido. Sorrindo, no gramado, logo abaixo da frase 'da vovó com amor'.

'Cada escritura é inspirada por mim e serve para ensinar, repreender, corrigir e educar para a justiça, para que o homem de Deus esteja completo e bem preparado para toda boa obra. Em essência, serve para me conhecer melhor e se sentir próximo de mim'.

Durante anos, polvilhei esses volumes elegantes com versos verdes e dourados, organizados em ordem cronológica e colocados em uma pasta de papelão rígido. Tanto as prateleiras quanto as casas foram alteradas ao longo dos anos, mas estão sempre lá, expostas, intocadas.

'Talvez você tenha razão, sempre confiei seus conhecimentos às minhas memórias e crenças criadas com a experiência de vida, mas acho que nunca realmente te explorei'.

'Você se lembra dos passos do meu filho na areia?'

'Sim, claro que me lembro. Talvez o catequista ou talvez o pároco; alguém nos contou sobre um homem que caminha sozinho e triste pela praia (imaginei a praia de Pinarella di Cervia, aquela onde fui para a colônia quando criança, a única praia com que tive experiência real na época).

Bem, o homem, voltando-se e vendo apenas algumas pegadas na areia, pergunta a Jesus por que não está perto dele naquele momento de dor, e Jesus responde: – as pegadas são minhas, eu te peguei nos meus braços'. Já fazia muito tempo que não pensava nessa história, mas ela me impressionou muito e agora sinto o mesmo'.

'Eu sei disso'.

'Essa coisa que você faz é um pouco perturbadora em alguns aspectos'.

'O fato de eu saber o que você pensa antes de dizer isso?'.

'Exatamente isso. Você vê? Você também fez isso agora!

'Se você ler esses volumes, saberá que minha palavra é

viva, eficaz e mais afiada do que qualquer espada de dois gumes; penetra até o ponto de divisão da alma e do espírito e perscruta os pensamentos do coração'.

'Ah, nada menos'.

'Isso assusta você?'.

'Um pouco, mas ao mesmo tempo de certa forma me tranquiliza. Será que algum dia seremos realmente capazes de viver em um paraíso?'

'Eu propus a mim mesmo e vou fazer acontecer. Eu não criei a Terra sem um propósito. Os justos herdarão e viverão lá para sempre.'

'Ok, mas não relaxe muito, está uma bagunça aqui, só precisávamos do Covid 19 para dividir as pessoas!'.

'Quando a dimensão do tempo era indefinida, muito antes de ser marcada por dias e horas como você a conhece, um anjo que estava no céu enquanto a terra tomava forma pelas minhas mãos, mudou seus pensamentos com o tempo. Seu desejo de poder tornou-se cada vez mais incômodo dentro dele, até que o convenceu de que poderia ser adorado pelos homens, e então ele tentou Eva com o único fruto que eu havia proibido de comer. A partir daquele momento, assim como a ponta do índice empurra a primeira peça do dominó, o anjo, agora um demônio, mentiu para seus ancestrais e a humanidade se tornou mortal'.

'Então soa um pouco alto, mas dá a ideia'.

A única coisa que me vem à cabeça agora é o refrão da canção do bom Renato 'o triângulo não, eu não tinha pensado nisso', e dou risada. Basicamente, nos encontramos com o insubordinado, o Master Chef e o gênio. Os três fizeram uma bagunça que metade teria sido suficiente! Claro, os evolucionistas tomaram conta, é menos embaraçoso descer de macacos do que admitir tudo isso! Obviamente eu não o externo, mas se ele existe, certamente me ouviu!

'Então eu disse: – um pouco mais e os ímpios vão desaparecer, eles vão procurar seu lugar sem encontrá-lo, o povo vai forjar suas espadas em arados, suas lanças em foices; um povo não levantará mais a espada contra outro povo, ninguém mais praticará a arte da guerra. O trigo abundará na terra e balançará no topo das montanhas. Os mortos serão julgados, os servos recompensados, aqueles que destroem a terra serão aniquilados. O lobo viverá com o cordeiro, a pantera se deitará ao lado do cabrito; o bezerro e o leão pa-

starão juntos liderados por uma criança. Nenhum dos habitantes dirá que está doente e os mortos voltarão à vida –'
'Freio, até agora tudo bem. O fato de você não ouvir mais minha mãe reclamando de dores nas articulações pode ser um paraíso parcial. Não estamos a falar do emocionante fundo musical de certos documentários em que o gato que jejuou durante dias ataca a sua presa depois de a ter separado da sua família. O que então, aliás, os parentes pensam mais em fugir do que o infeliz, e quem viu, viu. Como se costuma dizer – sua morte, minha vida –. A questão, no entanto, é complicada para eu entender. Se todos nós ressuscitarmos com o corpo e todo o resto (e eu sei disso porque eles nos explicaram no catecismo), iremos nos reconhecer? Resumindo, pela forma como me venderam, será um pouco toda uma mistura de almas e corpos que se sentem próximos e unidos por algo mas sem se reconhecerem. Essa coisa me perturba um pouco; Terei que saber com quem reclamar, a quem dispensar pérolas de sabedoria e assim por diante. Não, não: esquece, ainda não estou pronto, vou pedir em outra hora. Voltemos ao bom Lúcifer por um momento; não fique zangado, mas acho isso um pouco intrigante. Você sabia que recentemente me deparei com uma imagem representando-o no FB? O anjo caído; o autor imortalizou o momento exato em que a dor que sentiu ao ser expulso e o enorme ressentimento contra você deram origem à sua rebelião. Tive um sentimento muito intenso e acho que senti compaixão; ele deve ter pensado que seu gesto era imperdoável, em sua tremenda irreversibilidade'.
'É assim. Há muito tempo, e estou me referindo à sua maneira de pensar sobre o tempo, uma guerra irrompeu no céu: Miguel e seus anjos lutaram contra o dragão e ele lutou com seus anjos, mas eles não prevaleceram e não havia

mais lugar para eles no céu. O grande dragão, a antiga serpente, aquela que você conhece como o diabo, foi lançado à terra e com ele seus anjos. Os céus poderiam regozijar-se, mas ai da terra e do mar, porque Satanás caiu sobre eles, cheio de grande fúria, sabendo que lhe resta pouco tempo.

'Em que sentido um curto espaço de tempo?'.

'Pessoas se levantarão contra pessoas e reino contra reino e haverá terremotos, fomes e pestes de um lugar para outro; mas tudo isso é apenas o começo das dores. Então eles vão entregá-lo para torturá-lo e matá-lo, e você será odiado por todos os povos por causa do meu nome. Muitos ficarão escandalizados e se trairão e se odiarão. Muitos falsos profetas surgirão e enganarão a muitos; por causa da disseminação da iniqüidade, o amor de muitos esfriará. Mas quem perseverar até o fim será salvo. Nesse ínterim, este evangelho do reino será proclamado em todo o mundo, para que possa ser testemunhado a todos os povos; e então virá o fim'.

'Parece a fotografia atual, me entristece'.

'Você acredita em mim, então'.

'Eu suponho que sim'.

Sinto frio, procuro minha manta e perco essa conexão inesperada com o Transcendente ou meu princípio de loucura. Eu me envolvo naquela nuvem macia de fibra sintética bege e penso onde posso ter ouvido essas palavras. Minha avó havia mencionado o Apocalipse para mim, ela disse que era difícil de ler porque era muito metafórico. Isso desperta minha curiosidade e, imaginando ser a parte final da história, dado o desfecho fatal, tomo posse do quarto e último volume.

No final das contas, estou em casa, o padrão da camisa e tudo o mais podem esperar um pouco. Abro uma página ao acaso e mergulho na leitura.

O reinado de 100 anos

... Então eu vi um anjo descendo do céu com a chave do Abismo e uma grande corrente na mão. 2. Ele agarrou o dragão, a antiga serpente – isto é, o diabo, satanás – e amarrou-o por mil anos; 3. Lançou-o no abismo, fechou-o e selou-lhe a porta, para que não tornasse a seduzir as nações até aos mil anos de idade. Depois disso, ele terá que ser dissolvido por algum tempo. 4. Então vi alguns tronos, e os que estavam sentados neles receberam autoridade para julgar.

Eu também vi as almas dos decapitados por causa do testemunho de Jesus e da palavra de Deus, e aqueles que não adoraram a besta e sua estátua e não receberam sua marca na testa e na mão. Eles reviveram e reinaram com Cristo por mil anos; 5. Os outros mortos, porém, só voltaram à vida quando completaram mil anos. Esta é a primeira ressureição. 6. Bem-aventurados e santos os que participam da primeira ressurreição. A segunda morte não tem poder sobre eles, mas serão sacerdotes de Deus e de Cristo e reinarão com ele por mil anos. A mente concentrada se abandona e novamente a figura branca se manifesta na minha frente. 'Seus olhos são tão azuis quanto o céu, é como se você os visse pela primeira vez. Eles são tão bonitos, eu nunca tinha notado antes'.

Uma delicada faixa de um azul mais profundo ao redor da pupila ramifica-se sem ordem em direção ao contorno da íris, cuidadosamente orlada por um preto quase imperceptível que não permite que ela se perca na brancura da esclera. Eu os sobreponho por um momento aos vermelhos e intensos do Lúcifer do FB; em última análise, não há bem sem mal e vice-versa. Suponho que imaginá-los azuis é a associação mental natural com algo bom.

'Sabe, eu realmente sinto necessidade de algo bom, quero dizer'.

'Você não está sozinho'.

'Você pode me explicar que necessidade você tem para tirá-lo depois de 1000 anos? Acho que ele já fez o suficiente! Talvez você sinta pena, como aconteceu comigo olhando para a pintura...'

'Leia você mesmo, segue o que você já aprendeu'.

'Ei, você poderia conter o hábito irritante de me avisar a cada oportunidade que você sabe tudo o que acontece dentro e fora de mim? Estou falando sério, isso me preocupa.

'Um pouco de temor por mim às vezes não faria mal'.

Ele sorri. 'Continue lendo, filha'.

Segundo combate escatológico.

7. Quando os mil anos se completarem, Satanás será libertado de sua prisão 8. e sairá para seduzir as nações nos quatro pontos da terra, Gog e Magòg, para reuni-los para a guerra: seu número será como a areia de o mar. 9. Eles marcharam por toda a superfície da terra e sitiaram o acampamento dos santos e a cidade amada. Mas um fogo desceu do céu e os devorou. 10. E o diabo, que os enganava, foi lançado no lago de fogo e enxofre, onde estão também a besta e o falso profeta; eles serão atormentados dia e noite para todo o sempre.

O julgamento das nações

11. Então vi um grande trono branco e aquele que estava sentado nele. De sua presença, a terra e o céu desapareceram sem deixar vestígios de si mesmo. 12. Então vi os mortos, grandes e pequenos, em pé diante do trono. Livros foram abertos. Também foi aberto outro livro, o da vida. Os mortos foram julgados de acordo com o que estava escrito nesses livros, cada um de acordo com suas obras. 13. O mar trouxe de volta os mortos que guardava, e a morte e o mundo subterrâneo fizeram os mortos que guardavam, e cada um foi julgado de acordo com suas obras. 14. Então a morte e o inferno foram lançados no lago de fogo. Esta é a segunda morte, o lago de fogo. 15. E todo aquele que não foi escrito no livro da vida foi lançado no lago de fogo.

'Vamos ver se entendi. No caso das pessoas, e também dos anjos caídos, incluindo Satanás, o lago de fogo representa uma segunda morte (como se a primeira não bastasse), e somente depois disso eles serão destruídos para sempre. A morte e o inferno, que deveria ser o reino onde os mortos ficam, também serão simbolicamente jogados no lago de fogo depois que todos os injustos morrerem pela segunda vez. Em uma de minhas crises de agitação, eu diria que a morte e o Hades não podem ser literalmente jogados no lago de fogo como conceitos abstratos, mas se eu refutar isso, terei de replicar quase tudo o que você me diz; às vezes você fala de um jeito estranho, você parecia mais informal algumas décadas atrás. Em suma, os bandidos são irreversivelmente eliminados e os mocinhos viverão para sempre com você; isso é o suficiente para mim no momento. '
Agora é sobre descobrir em qual categoria você planeja me encaixar!

'Considere também o outro lado da moeda'.

'Sim, melhor. Toda essa morte me deixou um pouco angustiado'.

'Eu criei todas as coisas que estão no céu e na terra, o visível e o invisível, como os anjos. Eu os concebi como iguais aos ventos para que pudessem te ajudar'.

'Eu sabia, eles existem!'.

'Muitos se sentam ao redor do meu trono, há milhares de milhares e eu os conheço todos, como eu conheço cada estrela no céu. Eu os criei antes mesmo de criar a terra e, tanto quanto eu, eles se alegram e sofrem por você. Eles também têm motivos para se alegrar neste momento. Você sabe, há mais alegria no céu para um pecador convertido do que para noventa e nove justos que não precisam de conversão'.

'Eu sinto isso um pouco em mim. Minha hipótese é que sou um candidato ao posto de pecador perto da redenção, já que comecei a falar com você novamente. Quando dizemos fazer a diferença'.

'Você sabe que se distrai facilmente? Vou te contar uma parábola: que mulher, se ela tem dez dracmas e perde um, não acende a lamparina e varre a casa olhando atentamente até encontrá-la? E depois de encontrá-lo, ela chama suas amigas e vizinhas, dizendo: alegrem-se comigo porque eu encontrei o dracma que eu havia perdido. Da mesma forma, há alegria diante dos anjos de Deus por um único pecador que se converte. É uma parábola que, como outras, serve para descrever a preocupação e o amor que tenho por aqueles que pecam e se arrependem, e a alegria em encontrá-lo, alegria que compartilho com os anjos.

A perda de uma alma, por outro lado, é substancial, assim como a perda do dracma para a mulher de quem lhe falei. Na época, tal moeda equivalia ao salário diário de um trabalhador não qualificado, nenhuma mulher faria de outra forma. Pois bem, os anjos com quem partilho tudo isto gozam da visão do meu rosto, e a felicidade a que foram destinados como espíritos vai muito além das exigências da natureza; é a compreensão daquilo que, para vocês, humanos, constitui a meta a ser alcançada. Eles são criaturas de luz, santificadas desde o momento em que foram criados; eles são dotados de inteligência e vontade. Cada um deles tem seu próprio nome e personalidade e desempenham funções diferentes. Eles, portanto, têm uma natureza diferente da dos humanos e entre eles existem mensageiros da divindade que vêm em auxílio dos seres humanos. Por isso sempre os sentiu tão próximos, tanto que estabeleceu um culto para eles'.

Vejo-me ajoelhado com as mãos postas, como na representação do quadro pendurado sobre a minha cama enquanto recitava: *"– Santo Anjo do Senhor, meu zeloso guardador, se a ti me confiou a piedade divina, sempre me rege, me guarda, me governa me ilumina."* Amém.

'Que palavra reconfortante. Quase tinha esquecido que fora confiado a algo, acreditava-me essencialmente sozinha.'

A imagem de mim como uma criança em oração é quase imediatamente sobreposta àquela, decididamente menos reconfortante, do jovem adulto eu à mercê de uma entidade que é tudo menos atenciosa.

O começo é sempre igual, acordo à noite ao som de uma respiração ritmada e profunda que sinto distintamente em correspondência com a almofada vazia ao lado da minha. É nessas horas que me arrependo de não ter levado um cachorro! A presença de qualquer criatura consciente permitiria que eu me sentisse menos só, menos conquistado, diante desse fenômeno absurdo. O escuro é um adversário invencível, inexorável apresenta-se sistematicamente sem deixar qualquer possibilidade de resposta e é certamente cúmplice do que os meus sentidos apreendem.

Escuto indefinidamente, para ter a certeza de que o que ouço é real e, como sempre, nada me faz pensar que não seja. Tamanha é a força com que tento rejeitar o estímulo, tanto que ele se imprime com tenacidade na membrana de meus tímpanos. A escuridão não é total, eu sempre deixo a veneziana da única janela do quarto ser levantada o suficiente para as luzes fracas da noite passarem. Por enquanto, não posso deixar de abrir meus olhos, pelo menos, para ter uma aparência efêmera de controle, então, quase simultaneamente, a visão também está envolvida. É neste ponto que a vejo, uma figura mais escura que a noite, alta e poderosa quando colocada em relação aos batentes das portas; a mesma porta que todas as noites decido deixar escancarada para enganar a mente, porque provar a mim mesmo que ela não pode ter se aberto sozinha é mais difícil do que justificar o aparecimento da sombra. A figura permanece firmemente envolta no que me parece uma grande capa. Tenho a sensação de que está me olhando fixamente e, quando a sensação se torna certa, alcanço o interruptor com um movimento convulsivo. Tudo se desvanece, em um momento, e como toda vez me pergunto por que não ajo imediatamente, evitando minutos intermináveis de terror.

Nesse momento, após uma busca rápida pela sala, seu olhar pousa no display do alarme e, como sempre, marca alguns minutos após as 03h00. Por associação mental, só consigo pensar no diabo, mesmo que a tradição diga que seu número é 666. Pode ser que às 6h, dependendo da estação, seja muito leve para se manifestar. Que eles! Nesse ponto, deixo entrar em ação o pequeno ponto de luz na mesinha de cabeceira e me permito desligar a luz central, dar uma última olhada no quarto e a apneia dá lugar à respiração, o coração volta a bater regularmente, as pálpebras a fechar incertas e assim é, desde que o despertador me lembre de meus compromissos diários.

'O que você veio lembrar agora aconteceu, como você certamente sabe, todas as noites durante semanas, até que a parte racional, como sempre, assumiu e a ideia de que era sugestão devido à fragilidade emocional do momento, apagou o medo. Você acha que realmente pode ter sido um dos anjos caídos com Lúcifer?'

'Se eu sou uma projeção de sua mente, não posso dizer o que ainda não está dentro de você'.

'Se sim, eu entendo a antífona; porém, além das representações da iconografia religiosa, ultimamente imagino o diabo como um imenso buraco negro. Na verdade, é um corpo celeste, como ele era, mas tão intenso que engole e não deixa escapar nada; tal é o seu poder que tudo morre dentro dele. Engraçado pensar que originalmente o buraco negro é uma estrela brilhante, em cuja morte ele reúne toda a matéria em direção ao seu centro, a ponto de tornar qualquer força incapaz de se opor a ele. Estou certo?'.

'Eu acho que a metáfora pode se encaixar, de alguma forma'.

– Claro, minha pequena mente mortal faz o que pode. Em todo caso, não nego a sua existência, só que imaginá-lo como um buraco negro o torna tão distante quanto eles, enquanto uma figura antropomórfica se aproxima, não sei se me fiz claro?'

Ele está aqui, entre vocês'. Poxa! Eu acordo com uma sensação de 'língua de pelúcia'; já são 19h, adormeci com o quarto volume aberto nos joelhos. Estou com uma dor terrível no pescoço, acidente.

Alguns dias se passaram desde o inesperado monólogo interior e minha amiga louca, uma espécie de 'compêndio de patologia clínica' dentro do corpo de uma linda garota, me ligou dizendo que ela entrou em contato com uma pessoa que pode ajudá-la a se proteger energias negativas por si mesmo. Eu pergunto o que é e ela me explica que um operador holístico, simpático ao esoterismo e conhecido há muito tempo, teria a capacidade de reconhecer e expulsar espíritos negativos, bem como de facilitar a passagem de almas em dor para a vida após a morte. Sempre pensei que se o purgatório existisse, seria a permanência forçada nesta terra de almas que não podem ir mais longe. O assunto me intriga e, como esperado, imediatamente se choca com a minha parte racional que eu sinto muito claramente. Se ela tivesse uma voz agora, ela estaria gritando em meus ouvidos uma frase como 'mas vamos lá, ti parece possível?'Então, eu aceito minha abordagem científica usual e decido ler sobre o conceito de alma e coisas semelhantes. Uma vaga reminiscência da escola me leva a digitar o nome de Steiner e navegar algumas informações na web, recusando-me a pesquisar entre os livros de papel dis-
postos em uma fileira tripla na biblioteca doméstica. Encontro um artigo que tenta esclarecer o pensamento do teosofista austríaco examinando a conexão entre corpo, alma e espírito. Ler me absorve. Bem, eu li que o corpo é aquele componente que nos permite perceber no plano da existência física. Por meio dela, podemos nos relacionar com o mundo físico, que é apenas um dos muitos possíveis, e é isso que experimenta-mos quando estamos aqui na Terra. O corpo é, portanto, um

instrumento por meio do qual é possível ter esse tipo de experiência, possível apenas por meio do uso dos cinco sentidos de que somos dotados. Graças a ela percebemos cores, formas, sabores, cheiros e tudo o que pode ser obtido de objetos e experiências físicas.

Até agora acho tudo compreensível. Em vez disso, a alma deveria ser aquele componente por meio do qual a entidade humana obtém impressões das experiências que faz por meio do corpo. Todos nós vemos, ouvimos, tocamos, cheiramos e saboreamos, e dessas experiências derivamos impressões de prazer ou dor, alegria ou desespero, atração ou repulsa... Através da alma, as coisas que percebemos com os sentidos do corpo nos deixam uma impressão. Mas então o que é o espírito, se não coincide com a alma? Pelo que li, entendo que é esse componente por meio do qual temos a oportunidade de compreender o significado intrínseco das coisas, independentemente da impressão que elas determinem em nossa alma.

Um objeto ou experiência não é avaliado pelo espírito com base no fato de gostarmos ou não, mas com base no significado que tem para si na ordem natural das coisas, de maneira totalmente distanciada e imparcial. Para enriquecer ainda mais o quadro, entendo que a atividade de pensar e raciocinar está estritamente ligada ao componente espiritual, pois é por meio dele que podemos compreender o significado intrínseco das coisas. 'Aqui, isso me agrada'. Continuando descubro que a questão é ainda mais complexa, na verdade o corpo não parece ser apenas o físico. Não que eu nunca tivesse ouvido falar nisso, mas não acho que havia tantos detalhes. Na verdade, me deparei com o conceito de corpo energético, ou seja, um corpo sutil concebido como o nível mais baixo no campo de energia do homem conhecido como "aura" e formando parte de sua anatomia oculta. Minha amiga ocasionalmente fala comigo sobre isso, mais de uma pessoa teria dito a ela que ela tem uma aura muito brilhante. Quem sabe o meu ... no máximo me disseram - mas que olhos lindos você tem - mas nunca - que aura luminosa você tem -. Continuo com o conceito de corpo astral, veículo da alma e da consciência, tão brilhante que se compara às estrelas; de alma consciente, manifestação da existência de um mundo interior; de alma racional, isso é pensamento; alma consciente, ou o reflexo do espírito; do eu espiritual, do espírito vital, do homem espiritual, cada um com suas funções, mas muitos para internalizar em um único dia. Matei minha sede de conhecimento para hoje; Acho que tenho que deixar tudo se acalmar. Prossigo com uma esquematização sumária, para não ter que retomar a leitura da próxima vez, mas não sei onde colocá-lo.

'Olá!'.

'Eu tenho que me acostumar com isso! Sempre tão de repente, você?'. Ouça, hoje eu explorei, ainda que superficialmente, questões que não são exatamente leves'.

'Eu vi'. 'Já...'

'Eu realmente tenho todas essas camadas? Eu me pergunto se meu sentimento às vezes tão desorientado é devido a um mau diálogo entre as partes. Sem dúvida, o pensamento sempre prevaleceu, que, creio, teve principalmente uma função protetora. Você sabe o que quero dizer, tenho certeza. É claro que todo esse raciocínio não ajuda a contrariar o início da minha fiel enxaqueca! '.

'Eu sou a ressureição e a vida; quem acredita em mim, mesmo que morra, viverá; quem vive e acredita em mim não morrerá para sempre. Você entende isso?'

'Chega, mas eu tenho que pensar sobre isso'.

'Eu habitarei entre vocês e vocês serão meu povo. Eu enxugarei cada lágrima de seus olhos; não haverá mais morte, nem luto, nem lamentação, nem dor, porque as coisas anteriores já passaram.'

'Portanto, viveremos juntos; é uma coexistência um tanto sui generis de imaginar, mas a questão das lágrimas me comove, devo dizer-lhe. Você sabe, quando eu era pequena, foi Nonai quem os enxugou para mim com o grande lenço azul sutilmente debruado em marrom. Ela se encarregou de curar as feridas, desde a descamação dos joelhos às da alma e, acredite, a minha alma já foi descascada muitas vezes! Acho que foi minha mãe, avó e até pai, principalmente depois da morte figurativa do real e da partida literal do substituto, meu avô. Foi realmente uma combinação equilibrada de norma e hospitalidade. Ela me ensinou o que eu sei sobre você, ela me ensinou a orar direito, mas também como você quer, então eu falei com você, pedi um conselho, chamei-o de pai. Então o tempo passou, eu cresci rápido, rápido demais; seu corpo está extinto e seu espírito adormecido. Aos poucos, a memória de sua voz foi se apagando, apenas interlocutores tangíveis, apenas razão e poucas emoções abortadas pela raiz; então a traição, a raiva 'se um Deus existe, certamente não nos governa'. Até poucos dias atrás, quando ouvi distintamente o seu 'olá!'

'Eu não procurei por você, você me encontrou; você viu o que já estava na sua frente'.

'Não sendo capaz de negar a presença de Satanás dado o que acontece no mundo, eu também não posso negar o seu; Em última análise, a escuridão não pode existir sem luz, nem o mal sem o bem. ' Afinal, sinto muito ter demorado um pouco, acho que você me consola de alguma forma!'.

'Acho que foi uma transição gradual que voltei a ouvir de você; mais de uma pessoa me falou sobre você; aderindo a diferentes credos, mas com o mesmo entusiasmo e a mesma convicção da sua existência. Então, neste verão, uma série de coincidências me levou a ouvir um audiolivro. Estou descascando as batatas; à minha direita está pronta a tábua de madeira para trabalhar a massa do nhoque, e atrás dela o pacote de 1 kg de farinha tipo 2, minha preferida. A voz do locutor é calma e monótona, mas não entediante, diria quase hipnótica. Prossigo com método e relativa calma. O narrador afirma que a força do desejo e da gratidão, em conjunto, determinam uma resposta positiva do Universo, desde que o desejo seja específico e constante. Essa coisa me impressiona porque, pensando bem, como o Universo poderia satisfazer nosso desejo se nem sabemos exatamente o que querer? Eu acredito que em certo sentido esse Universo é você, mas parece excessivo esperar que você identifique claramente o que ainda não tomou forma em nós. Claro que você poderia, mas qual é o ponto? Em última análise, desejar também é um prazer; por que desistir!'
'E o que você quer agora?'.
'Boa pergunta. Como posso projetar e planejar um desejo se ainda estou fugindo para salvar minha pele? Às vezes me sinto como a gazela sendo perseguida pelo leão, que não consegue pensar em outra coisa senão correr o mais rápido possível; ela não sente necessidade e não tem a possibilidade de se sustentar para alimentar a si mesma ou aos seus filhos, para procriar ou fazer qualquer outra coisa. Tive de passar por muitas mudanças e fazer escolhas difíceis que

me custaram muito sofrimento, mas, no final das contas, quando digo a mim mesmo que só quero uma vida tranquila, minto para mim mesmo. Só você provavelmente sabe qual é o equilíbrio entre o que eu quero e o que preciso, mas sempre me senti como uma alma sofrendo. Tenho amigos que usam a química há anos para encontrar esse equilíbrio; que dispensam conselhos sobre a eficácia do ansiolítico prescrito por aquele médico 'muito bom' ou do antidepressivo com menos efeitos colaterais; Certamente considerando a compatibilidade com a pílula de última geração, porque você sabe, o humor de uma mulher também depende dos hormônios. Eu não, não quero lixo sintético entorpecendo meus sentidos, quero estar presente para mim mesmo. É muito mais caro e estou muito cansada. Minha parte escondida está sempre à espreita e quando sai eu percebo que só causa danos. É tão forte, fascinante, instintivo, intrigante. Você sabe quanto tempo levo para mantê-lo sob controle, especialmente em determinados momentos?
'Eu sei isso'.
'Você se lembra quando, na adolescência, eu estava convencido de que você não teria feito nada de ruim comigo por ter passado por tanta coisa que estava no crédito?'
'Claro'.
Ele sorri. 'Aí eu parei de acreditar, pensei que não era lógico e conversamos cada vez menos até eu não falar mais com você. Você sabe que eu realmente sinto muito? Eu acho você um cara legal.'

'Estou pensando muito nisso hoje em dia. Para a questão da parte oculta, quero dizer. Acho que está relacionado de alguma forma ao fato de eu ser mulher. Eu até penso nisso enquanto faço ioga online; você sabe como é, não dá para ir à academia com a Covid-19 e uma professora simpática e acolhedora nos deu a oportunidade de praticar gratuitamente. Eu sei que não deveria, que a mente deveria estar clara, eu tentei várias vezes e de maneiras diferentes pará-la, mas simplesmente não consigo. O professor costuma nos dizer: - se pensamentos perturbadores chegarem, deixe uma nuvem levá-los embora e gentilmente traga sua mente de volta para o aqui e agora – .

Nós vamos! A única imagem que surge é a minha vestida de branco, completa com sapos na jaqueta de linho, espantando pensamentos intrusivos! Em todo caso, antes de ir para a cama, junto com o grupo de fiéis iogues do Skype, saúdo a lua três vezes, com o microfone desligado e o olho do meu irmão mais velho estritamente ativo.

Você sabe, você não deve perturbar com nenhum ruído relacionado ao seu contexto, mas a câmera deve estar ativa como uma cortesia em uma perspectiva de compartilhamento real, mesmo remotamente. Me diverte pensar que a lua está me observando me contorcer, ofegar e bufar a cada curva além de um certo grau de inclinação, mas ao mesmo tempo estou fascinado por essa conexão, embora passageira e talvez unilateral, com ela. Às vezes, porém, vou mais fundo na minha mente, vou para o bosque e ela não está, estou envolto em trevas mas sinto a sua presença discreta, igual a um observador escondido. Avanço pela estrada no silêncio da noite, a necessidade de sossego é muito forte, mas o caminho torna-se mais difícil e o declive torna cada vez mais difícil caminhar.

O vestido azul, longo e envolvente, atrapalha meus movimentos, mas, agarrando-me com firmeza ao tronco de uma árvore muito jovem à minha direita, consigo subir a ladeira. Não muito longe, à minha frente, um recesso, que me parece profundo. Dirijo-me a ela com passo cansado, mas necessitando de abrigo e intimidade, e em pouco tempo estou no ventre da montanha.

Uma atmosfera particular me dá as boas-vindas, sento-me de pernas cruzadas no centro da caverna quente, coluna reta, mãos apoiadas suavemente nos joelhos, olhos fechados. Depois de um tempo indefinido de silêncio, sinto uma espécie de calor movendo-se nas minhas costas; Eu gosto, sinto cada vez mais perto e gostaria que me envolvesse completamente. Meu desejo toma forma e três lobos se apoiam em meus quadris e atrás das minhas costas, respectivamente. É natural para mim abandonar todos os membros, começando das pernas até a cabeça. A respiração deles está calma e a minha também; Eu instintivamente sinto que meu corpo, mesmo agora tão sensível, está seguro e os lobos e eu rapidamente nos tornamos uma unidade sensível e instintiva. 'Às vezes preciso do silêncio como se fosse água e a solidão parece mais rica do que o relacionamento; só nesses momentos posso realmente olhar para dentro e refletir. Talvez seja verdade que a lua afeta o corpo da mulher; como não acreditar que é possível se é tão poderoso que até determina as marés? Eu nunca tinha prestado atenção nisso, mas notei a repetição cíclica dessas sensações, especialmente durante o bloqueio silencioso. Em última análise, foi graças a esta pausa mortal que descobri a capacidade e a necessidade de me dar tempo para recuperar as energias, agora reduzidas para além de todos os limites.

Recordações? Eu estava tricotando quando você apareceu e ainda nem terminei aquele lenço com oito agulhas. Dada a minha natural falta de propensão para padrões e números, quem sabe se poderei voltar atrás, lembrando-me exatamente de todos os passos necessários!'. Ele sorri, parece certo.

"Eu volto para a floresta e desta vez vejo a luz é tênue como a de uma vela em uma sala infinita, filtra-se pelos galhos de carpa arrancados pelo inverno que está chegando ao fim e ilumina meus passos. Sinto um aroma particular no ar, o cheiro intenso de madeira molhada me invade. Observo tudo ao meu redor e deixo a vegetação rasteira me envolver e me penetrar até o último alvéolo. Eu inalo profundamente com minhas narinas, o ar é limpo, leve, quase doce. Toco a superfície áspera dos troncos de carvalho inglês com as pontas dos dedos e os insiro lentamente nas ondulações tenazes da casca; depois abro a palma da mão, já não me basta sentir, quero possuir, introjetar com todo o tato e cheiro de que sou capaz. Sinto-me renovado, meu corpo está vigoroso e meus pés são como raízes profundas em um solo macio pronto para receber. A floresta me cerca, somos uma entidade única. Tem algo de carnal nisso, me lembra muito Eros, um dos demônios mais antigos! A entidade unificadora, como Platão a define. Como poderia ser diferente! Ele é um semideus, meio humano e meio divino, sujeito às paixões humanas, mas ao mesmo tempo imortal. É desejo ligado ao prazer e domina, não se deixa dominar; é um poder criativo que não se enreda em nenhum esquema e que tende a quebrar todas as restrições, qualquer lógica excessivamente racional. Uma força cósmica e irresistível, também ligada à generatividade onde o desejo e a necessidade vão além da vontade individual dos homens e dos deuses. Nestes momentos, passe-me a expressão sou de Deus! Você sabia que eu posso até esquecer as enxaquecas mesmo por algumas semanas? Só para constar, eu sei que Eros não existia, mas gosto de mitologia, só para evitar mal-entendidos entre nós'.

Tenho a sensação de que o seu olhar é amoroso, cheio de compreensão.

'Então começa a ovulação, a lua está cheia, o calor do verão envolve meu corpo nu; encontro bagas que deixo derreter na boca e sinto como se transformam dentro dela, saboreio-as até a ponta doce dar lugar à ponta ácida da casca fina; Eu gosto disso ao máximo. A floresta me alimenta e eu me concentro no que mais estimula meus sentidos, sinto por um momento uma mulher completa e fecunda, mas não sou e quando percebo a vontade de explodir um raio de luz desaparece e o verão que apenas começou dá lugar a um início de outono; dá lugar a ele, à sensação de inadequação que tira qualquer estímulo de mim. Eu permito que faça isso às vezes, em última análise, sou sensível, mas não totalmente frágil, mas você sabe disso. Então, como sempre, a energia física começa a diminuir e sinto a necessidade de me libertar, de me soltar do que não me dá nada, como as árvores fazem com as folhas no outono. Mais uma vez olho para dentro, a concentração e a memória vacilam e vem o medo, principalmente de que a besta possa acordar a qualquer momento.

Mesmo agora eu temo isso e por dentro tenho o frio do inverno novamente. Por alguns dias, após a sessão noturna de ioga, escorreguei para debaixo dos lençóis e me permiti ler para facilitar a introspecção. Como é possível que minha cabeça seja tantas vezes dominada por uma confusão incontrolável? É realmente frustrante. Eu gostaria de poder focar meus sentidos exclusivamente no fluxo de energia que passa por mim, deslizar na corrente e todas aquelas coisas maravilhosas que eles dizem, mas eu adormeço todas as vezes e até mesmo a lua entra em uma fase minguante, lentamente se afasta da cena para alcançar a paz nos bastidores. Sinto frio, quase vergonha de mostrar meu corpo às almas da floresta. Minhas raízes são mais frágeis, sinto que se retraem, ficam menos profundas, as palmas das mãos abertas escondem meus seios nus, a sensação de fazer parte de um todo explosivo e a exuberância cede lugar à necessidade de me cobrir. Em breve estarei vestida de novo e poderei me juntar aos lobos e deitar com eles; logo o ciclo recomeçará '.

Acho que dá compaixão ver com esses dois fragmentos de céu azul que chamamos de olhos, mas sinto muita paixão e sinto a necessidade de minimizar um pouco, como sempre quando a profundidade se torna significativa e decididamente mais sufocante que a superfície.

'Em suma, antes de perder o fio; Eu li tudo sobre os Chakras; você sabia que o segundo está ligado à criatividade, à procriação, à atividade sexual e à intensificação da vitalidade? Este é precisamente o ponto; por que minha força vital deveria se intensificar somente quando a besta que sinto dentro de mim desperta? Claro, reconheço uma boa dose de criatividade, mas afinal nunca realmente procriei e isso me faz sentir incapaz, longe de ser capaz de gerar qualquer coisa! Eu sinto, olhando para você, um leve enrugamento na testa. Eu errei?'.

Percebo a pele ligeiramente enrugada entre as sobrancelhas grossas; Acho que ele está sofrendo comigo.

'Eu sofro quando você sofre, parece que esse conceito ainda não está estabelecido para você'.

É a altura! Uma projeção da minha mente também deve rever o que está sedimentado dentro de mim ou não. 'Olha, já existe o superego competindo com você, ou talvez o superego seja você? Estou começando a achar que você é outra coisa, mas tenho que entender bem o quê. No entanto, retomando o discurso sobre os Chakras, seu nome em sânscrito é svadhisthana e parece ser fundamental não apenas para as atividades criativas mais comuns, mas também para as experiências de êxtase mais intensas. Eles dizem ... Posso falar sempre livremente? Mas sim, você já sabe o que vou dizer. Dizem que a mesma sensação de êxtase, livre da passagem do tempo, é tão comum aos êxtases místicos e às alturas dos rituais xamânicos quanto ao orgasmo. Resumindo, coisas fortes. Aqui, acredito que essa parte escura tem a ver com agressão e energia sexual, coisas das quais agora percebo apenas uma existência pálida. Acontece que eu acordo ciclicamente, sempre junto, e quando isso acontece, eles têm um efeito devastador tanto em mim quanto nas pessoas ao meu redor. Escrevi por acaso no meu caderno 'você conhece o preto, o xadrez, reservo para reflexões especiais'; bem, eu trouxe de volta a representação daquela parte, uma besta aprisionada, acorrentada, espancada mas orgulhosa e feroz, pronta para sair no primeiro colapso da jaula em que eu o aprisionei. Sinto que ainda não é hora de ela acordar totalmente, mas a sinto alerta e impaciente. Estou ansioso para ver o que vai acontecer comigo e com ela. Mas por que eu tenho que me sentir tão mal para me sentir vivo? Mas vamos até a gente ... você ainda está aí?'.
'Sim. Eu estou sempre lá'. 'Bom, porque às vezes eu falo muito e faço aqueles na minha frente fugirem. Nesse caso, meu interlocutor pode ter outra coisa para fazer'.
'Estou em todo lugar no espaço e no tempo'.

'Sim, ok. No entanto, o assunto se torna comprometedor para você. Ontem à noite vi um filme com uma trama absurda cujo protagonista masculino era um padre protestante que, colocando seu trabalho antes de sua esposa, aos poucos se esqueceu de seu sabor e aroma. A velha governanta, que mais tarde se revelou ser a sogra que ela nunca conheceu, não hesita em lhe dizer que na Bíblia ela teria encontrado o tema 'sexo'. Não pude deixar de ficar surpreso e procurar eu mesmo a base dessa afirmação. O que encontro no Cântico dos Cânticos? Nada menos do que frases como 'lindas são suas bochechas entre os brincos, seu pescoço entre os fios de pérolas', e novamente 'enquanto o rei está em seu sofá, meu nardo derrama seu perfume'; então, empurrou mais e mais 'meu amado é para mim um saco de mirra, ele passa a noite entre meus seios, meu amado colocou a mão na fenda e minhas entranhas estremeceram por ele. Levantei-me para abrir ao meu amado e minhas mãos pingaram mirra; mirra fluiu de meus dedos na alça da trava'. Palavras tão cheias, avassaladoras e sensuais, nada vulgares, dirigidas a ela apenas 'como você é linda e como você é linda, oh amor, cheia de delícias! Sua estatura é tão esguia quanto uma palma e seus seios parecem cachos. Eu disse: – Vou subir na palmeira, vou colher os cachos de tâmaras –. Que seus seios sejam para mim como cachos de uvas e seu hálito como o perfume de maçãs. Seu paladar é como um vinho requintado, fluindo suavemente em minha direção e fluindo sobre seus lábios e dentes!'. Aqui está minha frase favorita: 'Coloque-me como um selo em seu coração, como um selo em seu braço; porque o amor é forte como a morte, a paixão é tenaz como o reino dos mortos: as suas chamas são chamas de fogo, chama divina! As grandes águas não podem extinguir o amor nem os rios podem dominá-lo. Se alguém desse todas as riquezas de sua casa em troca de amor, ele não teria nada além de desprezo'.

'Conhecer-me melhor, portanto, surpreende-te'.

'Sim, estou perto de você realmente me surpreendeu! Eu te sinto mais humano ... me passa a expressão'.

O PAI

7. 'Eu sinto falta um pouco ... mas só às vezes; ou talvez
sempre e eu não perceba'.
'Eu sei isso'.
'Eu sei que você sabe, e então, até certo ponto, do seu próprio
jeito você o representa, ou pelo menos você representa o que
ele representa; em suma, você entende o que quero dizer'.
 'Sim'.

 "Lembro-me bem daquele dia, tinha apenas sete anos. Já
me sentia bem porque as crianças do segundo ano eram tão
comparadas com os pequeninos da primeira série, aqueles
que não descansam pelo menos até o toque da campainha
das 10, aqueles que o zelador com a perna de pau não consegue consolar, dos quais não entende as lágrimas e frases
como –eu quero minha mãe –. Sim, porque ele fez a guerra
e a guerra não perdoa, na guerra nenhuma mãe vem buscar-
te para te levar para casa, nenhum lenço de pano tira as lágrimas dos teus olhos e o muco do teu nariz. Faço parte daquela geração em que as festas de fim de ano letivo ficam
definitivamente lotadas até uma certa idade, até que os
acontecimentos da vida começam a fazer os primeiros cre-
mes, graças à heroína, acidentes de trânsito, álcool e tumo-
res tão inesperados como eles são inclementes.
Eu me sentia grande, mas era tão pequena. Acontece que
vejo algumas fotos desse período, as tiradas da Polaroid
cinza e preta, as quadradas com a borda branca, uma mais
alta na parte inferior. Fotos de antes, quando o sorriso era
mais aberto, quase despreocupado, e fotos de depois, em
que a expressão fica mais sombria e os lábios se contraem
numa careta de felicidade forçada porque crianças tristes
desagradam os adultos. Eu me reconheço, me reconheço

plenamente, me reconheço no oco em correspondência da pálpebra inferior, de uma tonalidade não natural, mais escura que minha tez; Eu me reconheço no olhar distante, quase ausente, que aponta para outro lugar que não o aqui e agora, em um lugar não um lugar que só eu vejo. Em suma, tive uma infância feliz, na qual podia cair e levantar várias vezes, aprender com os erros, brincar com quem eu quisesse quando quisesse, desde que fizesse o dever de casa e mantivesse minhas pernas debaixo da mesa na hora do jantar. Mas ele não estava lá; ele não me ensinou a respeitar os animais, a preparar a pasta vermelha na noite anterior – assim fica com calma e não esquece de nada –, a ler, a rezar, a economizar porque – se você faz como cigarra quando ela precisa se encontra dificuldade, a formiga ao invés ... –, subir encostada nos galhos mais robustos das árvores frutíferas; bem, neste caso eu aprendi sozinho depois de alguns deslizes. Eu penso sobre como teria sido ter um, tê-lo, eu acho. Olhando para trás, acho que teria sido deletério, por acaso o vi novamente depois de cerca de quinze anos e me pareceu que o grau de maturação não era diretamente proporcional ao aumento da idade. Que agonia. Essa geração de sessenta e oito, toda paz, amor e 6 políticos, temo que tenha determinado a criação de uma geração de comida macia para bebês da qual faço parte apesar de tudo.Talvez você pudesse ter me dado à luz na década de 1950; alguns rudimentos de economia doméstica para uma gestão perfeita da lareira, saias alargadas abaixo do joelho e seios pontudos sobre o cinto maxi bem ajustado para realçar a cintura de vespa. Como disse o meu ex-colega, já não existem os homens de verdade, aqueles que montam nas prateleiras! Como culpá-la, na lista da esteticista antes de mim, encontro pelo menos três para depilar ou rarear sobrancelhas.

Mas eu me lembro dele de outra forma, ele tinha um bigode bonito, cabelo no lugar certo, mesmo que não particularmente grosso, alto, magro e com um jeito estranho de beber leite pela manhã; ele o segurou na boca por alguns segundos, até que peep entre seus lábios sem nunca tocar o bigode de seu lábio superior. Talvez fosse um jogo, talvez ele estivesse fazendo porque me intrigava, quem sabe se ele já tinha em mente fugir para novas praias. As brigas com minha mãe estavam se tornando cada vez mais frequentes e algumas imagens ainda estão presentes em minha mente. Ela chorou, muitas vezes chorou. Aí naquele dia ele foi embora e deixou comigo, quebrado, sem possibilidade de recuperação. Agora me diga, por que algumas pessoas não fecham as torneiras e procriam sem saber dos fatos?'

'Você não estaria aqui'.

'Sim, é verdade, como objetar. Acho que estamos aqui por um motivo. Às vezes me pergunto qual é o meu papel exato. Engrenagem de trabalho do sistema de trabalho, sinto que ainda não entendi o propósito geral da minha vida. Eu nem sou mãe!'

'Você era'.

'Sim, temporariamente, substituto materno de filhos que não são meus, só contribuí para o crescimento deles por um tempo limitado, e é tão estranho como as memórias recentes se sobrepõem às antigas a ponto de comprimi-las em um ponto desprovido de volume.

Eu mal me lembro deles às vezes. Lembrar é doloroso'.

'Você fez isso como mãe, de qualquer maneira, e você não acha que o termo barriga de aluguel é um eufemismo?'

– Mmmmmhhhh, talvez. Quase fui até o fim, quase. Malditos filtros!

'Às vezes ainda me sinto como uma filha'.

'É você'.
'Biologicamente sim'. Você me ama?'.
'Infinitamente!'.
'Posso te chamar de pai algum dia?'.
'Isso é o que eu sou!'.

'Escute um pouco' .... Eu acreditei em você acima das partes e em vez disso descobri que você está com ciúmes! Como é esse negócio? Cito literalmente –Você não se tornará um ídolo ou qualquer imagem do que está lá em cima no céu ou do que está aqui na terra, ou do que está nas águas sob a terra. Você não vai se curvar a eles e não vai servi-los. Porque eu, o Senhor, sou o teu Deus, um Deus zeloso, que pune a culpa dos pais nos filhos até a terceira e quarta geração –. Você não sente que está exagerando um pouco? No catecismo, eles me ensinaram que você é infinitamente bom, mas parece que vejo um toque sutil de vingança em suas palavras'.

'Bem, eu relancei, citando literalmente – Quanto mais o céu domina a terra, tanto meus caminhos dominam seus caminhos, meus pensamentos dominam seus pensamentos. Pois assim como a chuva e a neve descem do céu e não voltam sem ter irrigado a terra, sem a fertilizar e fazer germinar, para que dê a semente ao semeador e pão para comer, assim será com a palavra que saiu da minha boca: não voltará para mim sem efeito, sem ter feito o que eu quero e sem ter feito o que eu mandei para ela –'

'Em suma, você está me dizendo que tem razão absoluta e que só podemos colher alguns frutos se atendermos aos seus e apenas aos seus desejos, certo? Ninguém mais além de você!'.

'Para usar uma gíria familiar a você – tecnicamente, sim! –. Pense nisso, às vezes os humanos amam fetiches mais do que se representam! Os ídolos do povo são prata e ouro, obra de mãos humanas. Têm boca e não falam, têm olhos e não veem, têm ouvidos e não ouvem, têm narinas e não

cheiram. Eles têm mãos e não se tocam, têm pés e não andam; da garganta eles não fazem nenhum som. Que aqueles que os fabricam e quem neles confia sejam como eles.
'atenção... eu não gostaria de estar na pele de um artesão que vive disso agora!'.
Digo isso rindo e penso - como você é rígido, o meio-termo nem sempre pode ser jogado fora! – .
– Em algum lugar devo ter algumas estatuetas votivas, mas nenhuma que represente você, na verdade. Então, vejamos ... Tenho um Jesus e um casal de madonas, uma das quais é particularmente doce que ficou na mesinha de cabeceira do meu quarto durante os primeiros sete anos da minha vida, perfil prateado sobre veludo azul. Na verdade, não tenho nada que retrate você. No passado, eles até representavam você como um bezerro de ouro; quem sabe o que lhe passou pela cabeça, pelo menos uma forma antropomórfica, digo eu! Gosto de pensar que você tem a forma de água, que pode assumir a aparência de quem quiser, quando quiser, de acordo com o recipiente em que o colocamos. Você sabe, nós, seres humanos, precisamos simplificar a realidade que nos rodeia, também precisamos de algumas imagens! Em todo caso, não é o caso de ir a extremos, porque somente estaria faltando que as estatuetas ou imagens falem ou se toquem, já é suficientemente perturbador que dão a sensação de estar a olhar para ti. Você conhece aquelas pinturas que representam Jesus que, de acordo com a direção em que você está se movendo, te seguem com o olhar? Aqui, eu disse tudo! Pessoalmente, prefiro falar diretamente com você, em última análise, você é o chefe; é um pouco como ir à recepção e depois subir as escadas até o vice-presidente que tem o escritório no penúltimo andar, ao invés de pegar o elevador que dá acesso direto ao escritório do presidente no andar panorâmico. E vamos en-

frentá-lo, você não está definido de forma alguma e isso me intriga'.

'Isso mesmo, eu não posso ser inscrito em nenhuma forma, substância ou definição'.

'Sabe, às vezes me pergunto se o que faço com você é como rezar'.

'Algum tempo atrás, quando a escola ocupava setenta por cento dos meus pensamentos e da minha vida diária, entre a frequência, o estudo e a ansiedade questionadora, me deparei com um conceito que não entendia totalmente na época, e que volta esmagadoramente hoje. Vou te contar um sonho que me fez lembrar ontem à noite e que finalmente deixou claro! Estou em um espaço não delimitado por quaisquer fronteiras, mas não estou a céu aberto; tudo é asséptico e geométrico, diante de mim uma parede de gesso cartonado como as usadas em certos museus para dividir as salas e instalações relacionadas. Uma única abertura, provável entrada, à direita, onde para atender a recepção existe uma máscara de madeira tão velha e dura que parece pedra. As cavidades ocular vazias têm formato regular e se estendem além das maçãs do rosto em direção a uma boca desproporcionalmente grande. Sem lábios, nem mesmo um dente, apenas uma abertura anormal intercalada com faixas verticais simulando uma costura apressada. Eu me movo em direção àquele rosto inexpresso que me convida a virar à esquerda virando na mesma direção, então eu continuo em direção ao que parece ser um corredor sem fim. Está escuro e o espaço é tão apertado que sinto as paredes verticais bem fechadas atrás de mim. Começo a andar, mas uma luz branca que me distrai me separa de minha caminhada, e volto para o espaço sem limites.

Eu noto duas figuras retangulares bidimensionais com o canto do meu olho, uma das quais termina em um ponto, olhando melhor para ela parece a silhueta de uma casa estilizada; sim, eu realmente acho que é. Ele me convida a entrar mas não sei como fazer, acho que estou em três dimensões, como poderia entrar numa folha? A figura me convida a inserir uma perna dentro dela e me encontro imerso até a cintura com uma velocidade inesperada. A abertura se alarga mais e mais e esconde uma substância gelatinosa negra que literalmente me suga. Estou embutido em uma casa plana agora, e está terrivelmente escuro. Eu começo a andar aqui também, o que mais posso fazer ...

Agora vejo os dois eu de cima caminhando em espaços escuros e sem caminhos colaterais, sem possibilidades alternativas. Na casa, porém, aparece um escotoma particularmente brilhante e excitado que parece indicar-me, por meio de seus movimentos convulsivos, um cubo branco que de repente se materializou. O convite para sentar é claro e prossigo sem pensar muito a respeito; cotovelos apoiados nos joelhos e mãos sobre os olhos, abundantes lágrimas caem, embora as palmas das mãos estejam bem aderidas ao globo ocular. Estou muito cansado, quero parar. Mais uma vez lá fora, à luz artificial daquele espaço sem delimitação, sou agora espectador de uma lenta sucessão de cartas de baralho coloridas; eles se revelam ao meu redor em uma alternância semelhante a uma dança. Até o rei de diamantes está dormindo, com os olhos fechados e o queixo retraído; Eu paro e finalmente me permito uma prisão. Talvez meu demônio tenha atribuído meu destino a mim. Acordo com este pensamento, escuro e sem saída, tanto quanto os caminhos sombrios do sonho cujo fim não está à vista; mas então me lembro das palavras de Platão, companheiro de muitas tardes de inverno do passado - O demônio não escolherá você, mas você escolherá o seu demônio - (Repubblica X 617e). E de novo - [...] Làchesi [...] a cada um designou o demônio que havia tomado como guardião de sua vida e executor de sua escolha - (Repubblica X 620). Se eu puder escolher de alguma forma, tenho alguma esperança de ser capaz de determinar meu destino! Não quero me imaginar sentado naquele cubo para sempre, mas talvez tenha que ficar lá por um tempo, para entender que forma meu demônio tem. Se, como disse Heráclito de Éfeso - a natureza é seu daemon para o homem - (DK 22 B 119), o que é meu? Como posso compreender totalmente minha natureza através dele se não o conheço? Eu me sinto tão pequena, tão frágil humana. Você sabe o que acho engraçado nisso tudo? Se o demônio é realmente uma entidade que possui uma natureza interme- diária entre os deuses e os homens e que ajuda a superar a divisão entre eles ao fazê-los se comunicar, talvez eu esteja falando com você porque este se dignou a se manifestar em algum momento. Você concorda? Não, claro que não, você é o único. Falo mais uma vez por metáforas, certamente não acho que a natureza seja uma entidade. Porém, o sonho me fez pensar muito. Por outro lado, a par das dores de ser mu- lher, não podia faltar o problema da identidade profissional.

'Você ainda está aí?'.
'Sempre'.

'Então eu continuo com meu creampie. Parece que foi ontem, mas no final das contas não faz muito tempo. 025349002 ... repito aquele número de onze dígitos para que minha memória não perca, assim como o PEC, senhas de Banco e o que só você sabe o que é. Faço isso toda vez que subo as escadas à noite.

Às vezes carregada de panos de pradaria para lavar ou sobras de preparações gastronômicas, coloco a chave na fechadura e uma agradável sensação térmica me acolhe. A entrada desse edifício, como tantos outros na área, tem uma característica extraordinária de ser quente no inverno e frio no verão, diria que é o confortável prelúdio para a satisfação da única necessidade real: dormir! Não acendo a luz, os postes de luz permitem que eu enxergue bastante através da grande porta de vidro. Passo a passo sinto os músculos das costas como nunca antes, uma chama ardente se detém sem piedade em toda a parte superior, desde a base da cabeça até abaixo dos ombros. Acossado por pensamentos sobre dívidas, imagino-os fluindo sobre os números repetidos, entre uma figura e outra, de forma dominadora, desordenada e sem sentido, assim como este esforço. Chego à porta do meu apartamento e, como sempre, abandono a carga na cadeira da entrada, coloco suavemente o molho de chaves no armário vermelho ao lado e calço os chinelos. No final das contas, algumas horas separam a noite do dia, e decido cuidar de tudo no dia seguinte. Algumas práticas básicas de higiene e estou deitado na cama, o alarme vai tocar em menos de quatro horas. Eu me forço a parar o tamborilar de minha mente, que eu associo espontaneamente com a luz bruxuleante da placa iluminada sob a casa. Quanto ao número, os onze dígitos se sucedem em ordem precisa, de modo que a dança do néon morto se repete, sempre a mesma, todos os dias ao anoitecer. Em última análise, tudo o que é replicado pode ter a função de um mantra; Eu fecho meus olhos. É apenas uma das muitas noites de sábado; se eu apenas pensar na fase que antecedeu a abertura ... o quanto eu desejei minha criatura! Desisti de tudo por ela, gastei minhas economias de uma vida inteira, deixei de lado o convívio social que vivi até agora, o lar, o supérfluo e às vezes até o necessário; um número adequado de horas de sono, para começar. Ela, uma filha gananciosa, se alimentou até a medula vital. Como cheguei a este ponto?'

'O preguiçoso não persegue sua presa, mas a laboriosidade é um tesouro precioso para o homem; seu caminho é como uma sebe de espinhos, mas o caminho dos justos é como uma estrada aberta'.

"Resumindo, eu poderia descrever a estrada que percorri de muitas maneiras, mas dificilmente a chamaria de suave! No entanto, acredito que ninguém é profissional até que o profissionalismo seja reconhecido; reforços positivos, estes são os primeiros roubos! – Que arranjo, que bom gosto, você realmente deveria abrir algo seu – disseram. Provavelmente em algum momento, quando você é considerado igual até pelos expoentes da sua categoria e pelos seus clientes, é porque você é capaz de se medir de alguma forma, você implementou habilidades transversais totalmente pessoais, que o tornam algo único . – Ok, eu consigo! –. Uma vez que tivesse adquirido as regras formais e tácitas do mundo dos

negócios, teria deixado tudo por minha iniciativa de design, para ser confirmado em minhas qualidades por aquele e tornado cada vez mais atraente para o segundo. Só você sabe o quanto as decisões relativas à orientação profissional têm interagido com minha identidade e senso de valor pessoal!'. Digo a mim mesma que acabei criando uma start-up do zero, mas não sei mais se, com o tempo, posso moldá-la de forma que me represente e que não seja apenas apreciada, mas também mais lucrativa; já se passaram semanas inteiras desde que o decreto do primeiro-ministro determinou o encerramento de várias atividades comerciais, especialmente na minha categoria. Ainda sem apoio financeiro, não quero nem sair de casa para regar as plantas do clube. A única coisa que consegui fazer, encontrando resíduos em todas as suas formas absolutamente mortais, foi reorganizar os alimentos, embalá-los a vácuo, pasteurizá-los em potes, congelá-los e usar uma parte deles para consumo doméstico próprio e dos vizinhos. Agora não tenho vontade de ir, estou alienada e o lugar onde moro tem um significado que vai muito além do conceito de casa. Estou como se protegida por um enorme casulo feito de paredes e portas. Imagino um cenário pós-apocalíptico, teias de aranha nas janelas, poeira se acomodando em todos os lugares dia após dia, o cheiro de êxtase que substitui o aroma cítrico do óleo essencial colocado todos os dias no difusor da sala 1, o escuro e o frio, o folhas murchas de plantas não mais regadas.
No entanto, tudo isso não me causa o desejo de remediar, mas apenas uma resignação apática. Estou triste, desorientada, já não me sinto parte de nada, se não tivesse que cumprir o que significa ter um negócio gostaria de ser uma gatinha para poder decidir quando ativar e quando calar no forma de esporo'.

'Minha filha, que todo homem coma, beba e tenha prazer em todo o seu trabalho árduo. Você e seus irmãos são a luz do mundo. Uma cidade situada em uma montanha não pode ser escondida'.

'E como eu poderia ser leve ou me expor agora?'.

'Não pare na circunstância. Vou te dizer uma coisa, algo já escrito. Jesus subiu ao monte e, logo que se sentou, os seus discípulos aproximaram-se dele. Então ele abriu a boca e os ensinou, dizendo: – [...] Vós sois o sal da terra. Mas se o sal se tornar insípido, qual será o gosto dele? Não serve para nada além de ser jogado fora e pisoteado pelos homens –.

'Se você pensou que estava me confortando desta vez, você não nos pegou! Se possível, sinto-me ainda pior'.

'Se alguém está em Cristo, é uma nova criatura; as coisas velhas já passaram. Aqui, todas as coisas se tornaram novas'.

'Sim, isso é mais reconfortante para mim. Claro, tudo passa, tudo flui, nada se cria e nada se destrói, tudo se transforma. Tenho certeza que você não quis dizer exatamente isso, mas me ajudou a pensar assim'.

'E tenho certeza de que você avançou um pouco mais, mesmo que não o tenha tornado explícito.

'Acho que todos nós temos muitos papéis na vida, mas é como nos identificamos que determina como vivemos. Eu me identifiquei totalmente no papel de gerente e o vivi plenamente. Agora sinto que estou perdendo aquilo pelo qual trabalhei tanto e sinto que não tenho mais um papel.' 'Como você disse, você tem mais de um, como todo mundo. Quem você pensa que os outros são?' Mais uma vez, nos quatro volumes de seu Nonai, você encontrará informações que o surpreenderão pela concretude e atualidade. Você é e tem sido esposa, filha, mãe, trabalhadora, tudo ao mesmo tempo. Cada papel deve ser vivido plenamente e de acordo com regras precisas para que haja harmonia dentro e fora de você. Eu te criei para ser feliz. [...] Aí o homem falou: – dessa vez é carne da minha carne e osso dos meus ossos. Ela será chamada de mulher porque foi tirada do homem –. Para isso o homem abandonará seu pai e sua mãe e se unirá com sua esposa e os dois serão uma só carne'.

'Não penso nisso, mas acho que há exemplos mais adequados para se referir ao papel da esposa. Mas não acho que Eva ganhou a medalha de esposa do ano.

Eu persigo meus lábios e dou uma risada histérica'.

'Como você costuma dizer na terra – cometer erros é humano –.'

A MODERAÇÃO E O INSTINTO
11

'Seu coração está atormentado hoje, filha'.

'Sim, acho que é o termo mais apropriado'.

'Não pode acabar tudo agora, ainda tenho muitas coisas para fazer nesta terra. Sinto ansiedade e tristeza ao mesmo tempo, e você sabe por quê. O enésimo bloqueio interminável apenas ajuda a amplificar meu humor; você sabe como é, as implicações emocionais, burocráticas e acima de tudo econômicas ...'

'O espírito de um homem pode apoiá-lo em sua doença, mas quem pode lidar com um espírito abatido?'

'Estou tentando, de verdade'.

'Eu sei, e estou aqui'. A ansiedade oprime o coração do homem, mas uma boa palavra o alegra. O justo explora seu pasto, enquanto o caminho dos ímpios os leva ao erro. O caminho da justiça conduz à vida; ao longo de seu caminho não há morte'.

'Espero que seja como você diz, mesmo no sentido literal. Em suma, parece-me que posso ser classificado no círculo das boas pessoas. Com o que ouvimos hoje, ainda mais. Felizmente, adoro moderação em todas as coisas e mantenho sob controle o que deve permanecer adormecido. Quem sabe se é realmente a coisa certa a fazer. Às vezes me pergunto que mulher eu seria se seguisse o que meu instinto me diz!'.

'O coração daqueles que têm entendimento adquire conhecimento, e o ouvido dos sábios busca conhecimento'. Você entende o que quero dizer?'.

'Eu não sei, você está sugerindo que eu mantenha a mesma linha de conduta de sempre?'

'A boca do justo é fonte de vida e a boca dos ímpios esconde a violência; quando as palavras abundam, certamente não falta transgressão, mas quem mantém os lábios sob controle age com perspicácia. Os sábios valorizam o conhecimento, enquanto a boca dos tolos atrai a ruína; portanto, tudo o que ele teme cairá sobre o iníquo, mas aos justos será concedido o que desejam' 'Eu realmente não sei o que querer exatamente. Agradeço tudo o que tenho, apesar das minhas preocupações, mas ainda sinto que falta alguma coisa e não sei o que é. Talvez eu deva encontrar uma maneira de integrar minha parte instintiva com a racional sem danos colaterais, mas tenho a sensação de que nos referimos a conceitos diferentes. Você está se referindo à forma de se comportar? Quanto ao resto, você tirou uma foto exata da situação atual; coisas indizíveis saem da boca das pessoas e até figuras públicas como os políticos põem as mãos nelas no Parlamento; Não acho que isso seja devido à ideologia agora, apenas o interesse pessoal nos leva a agir. O sistema é tão corrupto que o bem-estar coletivo certamente não está nos pensamentos daqueles que nos governam; aqui na terra, é claro.

'O amor ao dinheiro é a raiz de todos os males e, ao se deixarem levar por este amor, alguns se desviaram da fé e se causaram muitas dores'.

'Bem, eles os compraram para os outros também!'

Eu naturalmente abaixo meu olhar como se meu interlocutor etéreo estivesse examinando minha alma através dos meus olhos.

'A forma tem sua importância, não em si mesma, mas em contraste com o instinto destituído de razão; até o arcanjo Miguel, quando teve uma disputa com o diabo e disputou sobre o corpo de Moisés, não se atreveu a pronunciar um julgamento contra ele em termos ofensivos, mas disse: – Deus te culpa. Muitos homens, por outro lado, falam de forma ofensiva sobre tudo o que realmente não entendem, e em tudo que entendem por instinto, como animais sem razão, continuam a corromper. São nuvens sem água levadas para cá e para lá pelo vento, árvores infrutíferas do final do outono, ondas furiosas do mar que lançam a espuma da própria vergonha, estrelas sem curso determinado para as quais a escuridão mais densa está reservada para sempre. Esses homens são murmuradores, reclamam de sua sorte, seguem seus desejos e suas bocas se gabam de grandes coisas, enquanto bajulam os outros para seu próprio ganho. Eles são aqueles que causam divisões, homens animalescos, desprovidos de espiritualidade'.

'Aqui está o discriminante, a espiritualidade. Em suma, para falar com você, para considerar o seu ponto de vista como único e tão certo como certo. Vou te dizer, se metade das pessoas guardasse os 10 mandamentos, estaríamos a cavaleiro; com – não roube – certamente resolveríamos a maioria dos problemas que afligem a humanidade! Você também não acha?'

'Seria uma solução parcial, mas bastante apreciável'.

Tenho vontade de sorrir.

'Você é tão categórico, mas tão justo, às vezes tenho a sensação de que você está exagerando, mas em outras eu sinto justiça e coerência em suas palavras; – Certamente me consolei na maioria dos casos.'

'É isso'.

Eu ouço a enfermeira me chamar – você está pronta, senhora? – Odeio essa forma de ser consultada, por outro lado é o que eu sou, uma senhora com mais de 40 anos e a quem com razão se referem. O estreito corredor azul é iluminado pela fria luz de néon, mas o brilho e os tons suaves certamente não fazem com que pareça o paraíso; dada a via interna do subsolo para chegar à radiologia, tão dilapidada e degradada, parece antes estar na antecâmara do inferno. Percebo que seguro minha mochila no colo como se fosse uma criança, com o cuidado que toda mãe deve ter com seu filho; Pego o cinto da esquerda e coloco, pondo o braço direito nele, viro a cabeça para dar uma última olhada na fileira de cadeiras vazias da mesma cor das paredes e não consigo deixar de pensar no quanto tempo vai demorar para as folhas com a escrita a preto e branco – não sentar –presentes em sequência com ritmo binário, cadeira sim, cadeira não. Disseram-me para colocar meus objetos pessoais no armário e remover todas as partes de metal das roupas e do cabelo. Cheguei preparado para isso, com uma certa surpresa presunçosa por parte da enfermeira. Apesar disso, por uma questão de escrúpulo, coloco meus dedos nos cachos, que já não são tão grossos e vigorosos há algum tempo, mas você sabe, o hábito morre muito. Sua expressão me parece acolhedora, então decido amenizar a tensão por causa não tanto da ausência de ruído, mas de vozes humanas, e começo a conversar. Gosto que me acompanhem no discurso e irônico sobre o declínio de que nós mulheres somos protagonistas após o 40º aniversário; tudo isso torna mais fácil para mim inserir a agulha da cânula em uma veia; Com o passar dos anos, também me tornei mais sensível a qualquer coisa que seja intrusiva em termos físicos.

Equipada com um casaco XXL acinzentada e rígida como uma placa de poliestireno, parto para o que chamo carinhosamente de 'extrusora' porque quando você sai fica em pedaços. O técnico lembra que há dois furos na parte plana da máquina onde eu deveria me deitar, e começa dizendo: – deixe-os cair aí – . Só posso rir dessa afirmação e apontar que meus seios não são dois saquinhos de chá para jogar no lixo orgânico após a infusão; então me ouço responder: – você sabe o que se passa entre meus calcanhares? – , entre a hilaridade dos presentes, inclusive a enfermeira. Respondo, divertido, que entendi sem precisar de mais especificações. Disseram-me o que devo e sobretudo o que não devo fazer durante a ressonância magnética, por isso procuro encontrar a posição menos desconfortável possível, respeitando o meu corpo e as instruções que me dá. Um belo par de fones de ouvido é colocado sobre meus ouvidos 'para abafar o ruído produzido pela máquina que está sendo examinada', eles explicam. Deixo minha testa na borda acolchoada do orifício em que insiro meu rosto, mas mantenho os olhos abertos.

–Você sabe que já estou farto? Quantos minutos terão decorrido? Meu Deus, como meu nariz está coçando, não consigo mexer uma unha, desde que as unhas se movam independentemente dos dedos; diga-me algo que me distraia um pouco de tudo isso; por exemplo, você pode me tranquilizar sobre o resultado. Não vamos lá, eu sei que você não pode. Na Nave Espacial Enterprise eles já teriam terminado e com menos desconforto. Quem sabe se a humanidade terá tempo para atingir tal nível de evolução'.

'O tipo de evolução a que a humanidade deve chegar é outro'.

'Eu entendo o que você quer dizer e concordo totalmente com você. Ufa, se eu não tivesse meus braços estendidos e extra-girados eu quase poderia tentar um cochilo para passar o tempo. Quando eu era pequena, costumava adormecer em toda parte como uma ovelha de gesso, lembra? Onde eles me colocaram, eu estava. Estou chorando um pouco agora. Acho que é um pouco infantil, mas não consigo evitar'.

'Agora tente descansar sua mente, minha filha, está inquieta e cheia'.

Sinto o corpo permeado por um calor ardente que começa

no braço, mas sei que não pode ser o contraste, me explicaram que esse tipo de efeito ocorre com o líquido usado para
a tomografia.

Sinto uma espécie de mão gigante apoiada nas minhas costas; está quente mas não queima, acho-o agradável e reconfortante.

Até alguns meses atrás, eu teria pensado em um defeito
neurológico, uma falta de transmissão de informações entre
as sinapses.

Agora, não descarto a possibilidade de que possa ser ele.
Por que não? No final das contas, sou uma pessoa sensata,
então posso me dar o benefício da dúvida. Nunca como neste momento sinto a necessidade de senti-lo perto. Será in-
strumental, será que antes não era a hora e não era um lugar, o fato é que agora me pareceria estranho não tê-lo por
perto. Se o tumor estivesse no cérebro neste momento eu
teria algumas dúvidas, em vez disso...

'Você é pai? Você está aqui onde eu te sinto'.

'Eu nunca saí, sempre estive aqui'.

◆◆◆◆◆◆◆◆◆

AGRADECIMENTOS

Para minha amiga Raffaella Vivaldini,
operadora holística no centro 'Panta Rei'
bem como uma cultivadora da verdadeira integração
mente-corpo e indomável exploradora da alma humana,
incluindo ambivalências.

Para meu editor Nicola Bergamaschi,
quem dá 100% de si mesmo e só obtém 10.

Para Annalisa e Nicolino,
que pacientemente me ajudaram a dar uma
chave para a leitura do Texto Sagrado.

Para Giuliana Geronazzo, também conhecida como Gero,
caleidoscópica artística e autora do quadro da capa,
produzido a partir de sua experiência no Brasil.

A Giacomo, autor da escultura - anjo na cabeça,
que dá vida ao ferro que trabalha!

E por fim a colega e a tradutora dessa obra
Simona Adivíncula.

BIOGRAFIA DA AUTORA

Michela Serena, nasce em Brescia (Italia(em 1975, licenciou-se em Ciências da Educação pela Universidade Católica do Sagrado Coração de Brescia, desenvolvendo um percurso pedagógico profissional ligado, ao longo do tempo, a diferentes tipos de utilizadores, em paralelo com o voluntariado no CVS e no VOL.CA dirige-se respectivamente a crianças com deficiência e reclusos na prisão ou como medida alternativa.

Após alguns anos de trabalho no sector da toxicodependência, e ansioso por acolher o ser humano na sua totalidade e não apenas identificado com a sua própria patologia ou desconforto, abre o seu Bistrot, onde o convívio, a brincadeira, a alimentação saudável e a cultura se integram num Projeto arrojado e pioneiro que termina com o segundo lockdown. Assim começa a fase atual, com sua parte destrutiva de fechamento e processamento da perda, seguida imediatamente pela de reconstrução da identidade profissional.

Daí a escolha, inesperada até mesmo para a própria autora, de se dedicar não mais diretamente à dimensão adulta, para que ela desempenhe suas funções de forma mais adequada, como a paternidade, mas diretamente ao vasto e revigorante mundo dos menores, que o leva embora tanto o que dá, revigora, impele, desafia atrevidamente todas as convicções pedagógicas anteriores, questionando-as de forma sistemática e quotidiana. Aqui está uma forma completamente nova e ainda não familiar de ser chamado, por meio de uma informalidade espontânea e desarmativa; para se vestir, tanto que o avental completo cor de vinho amarrado na cintura e dedicado às noites temáticas é privado do chapéu coordenado e o bolso central, não utilizado até poucas semanas antes, é preenchido com lenços descartáveis para todas as emergências. Assim, o representante legal de uma sociedade passa a ser a professora Michela, com uma bagagem pesada e uma grande vontade de voltar ao jogo e aprender, mais uma vez dos livros mas também deles, os pequenos destinatários do seu trabalho, novo apenas formalmente no fim das contas. Se educar significa 'puxar', ele nunca parou de fazer isso.

NOTAS SOBRE A TRADUTORA

Simona Adivíncula nasceu em Salvador de Bahia - Brasil, naturalizada italiana mora em Milão com o marido e a filha.

Escritora, romancista, poeta, jornalista freelance é membro da Academia da Cultura de sua cidade natal.

Muito conhecida e apreciada, ela escreve há 23 anos e tem bem 13 livros publicados em diferentes idiomas.

Ela é a responsável do Grupo "Escritores Brasileiros na Itália".

È a representante da Edizioni We no Brasil

TRÊS PÁGINAS ESPECIAIS

AS RAÍZES
Dedico esta página à minha avô Nerina

As raízes, em sua maioria fincadas no solo, não têm apenas a função de sustentar, mas por meio delas a planta absorve os nutrientes necessários ao crescimento. As minhas são representadas pela minha avô Nerina, a mesma citada neste livro, a mesma que alimentou o meu corpo, com uma combinação singular de massa caseira, porque 'eu sei o que ponho nela' e sofficini porque 'quem te mostra como publicidade'; que alimentou minha mente pagando meus estudos até o primeiro ano de universidade; que alimentou a minha alma falando comigo sobre Deus, sobre as grandes coisas que ele fez e o que ele faz, e sobre o diabo, que não tem casco de cabra 'como aquele representado na paróquia', mas que semeia o mal nos corações de homens. Apesar disso, saí daquele pequena cidade ainda jovem, atraído pelas oportunidades oferecidas por outros contextos, mais artificiais, sobretudo urbanos, mas sempre evitando 'enraizar'; no fundo já tinha as minhas raízes e são elas que me permitiram explorar com segurança outras pequenas partes do mundo.

TRONCO
Dedico esta página a doutora Aurelia Galletti

O tronco, aquela parte que fica entre as raízes e a copa, a estrutura de suporte, a Análise para mim. Lembro-me de muitas coisas dessa experiência que durou anos mas não se trata apenas de memórias, são quase vozes, claras e tão condicionantes que determinam as minhas ações, um pouco como a voz que o protagonista deste livro sente internamente. Para expressar um conceito muitas vezes exposto pela minha analista Dra. Aurelia Galletti, nossa analista, considerando a parte da análise desenvolvida em uma dimensão de grupo, a terapia funciona mesmo depois, mesmo à distância, mesmo na solidão.

Estou convencido de que conhecer a própria emocionalidade e as formas como ela se revela pode ajudar não só a controlá-la, mas também a usá-la em proveito próprio para enfrentar situações até graves, até mesmo críticas extremas, como a pandemia que nos envolveu a todos. Isso envolve transformar dificuldades em recursos, tornando-se cada vez mais resilientes. Este é um dos conceitos que aprendi e internalizei durante a análise, e que possibilitou fortalecer meu tronco e sua capacidade de suportar toda a árvore.

A FLOR
Dedico esta página à minha mãe
e aos queridos Annalissa e Nicolino

A copa de uma árvore pode assumir várias formas, dependendo das condições externas, das características inerentes e de qualquer poda a que tenha sido submetida. Precisamente este último pode levar à morte, bem como revigorar e determinar a aparência da árvore. Acredito que escolher como podar sua árvore ajuda a torná-la o que é, para melhor ou para pior. Agradeço, portanto, a minha mãe que, com sua atitude muitas vezes impeditiva, me levou a lutar para encontrar minha dimensão pessoal e social, meu espaço no mundo como uma pessoa única e irrepetível, não necessariamente o produto de uma repetição infinita de dinâmicas que são sempre o mesmo. Cada escolha implica um custo e o ticking é certamente diferente do topping. Imagino que, portanto, um agradecimento pode ser simbolicamente concedido a todos aqueles eventos que colocam pressão sobre a paciência, o equilíbrio; aqueles que levam a fazer escolhas drásticas e assumir responsabilidades e consequências, incluindo remorso e arrependimento. Agradeço a Annalisa e a Nicolino por acolherem a minha riqueza de conhecimentos anteriores, integrando-os com noções que eu desconhecia e respeitando a minha necessidade de dar uma chave racional ao texto sagrado.
Agradeço aquela voz interior com a qual posso transformar a solidão em meditação, a satisfação em gratidão, a sensação de injustiça na ideia de que será substituída por uma sensação de paz.

www.ingramcontent.com/pod-product-compliance
Lightning Source LLC
Chambersburg PA
CBHW051254160726
47994CB00003B/1155